BEI GRIN MACHT SICH IHR WISSEN BEZAHLT

- Wir veröffentlichen Ihre Hausarbeit, Bachelor- und Masterarbeit

- Ihr eigenes eBook und Buch - weltweit in allen wichtigen Shops

- Verdienen Sie an jedem Verkauf

Jetzt bei www.GRIN.com hochladen und kostenlos publizieren

GRIN

Claudia Hartzendorf

„Nur noch einen Kuss, Mama!". Die Herausforderungen des Eingewöhnungsprozesses im Elementarbereich

GRIN Verlag

Bibliografische Information der Deutschen Nationalbibliothek:

Die Deutsche Bibliothek verzeichnet diese Publikation in der Deutschen National-
bibliografie; detaillierte bibliografische Daten sind im Internet über http://dnb.d-
nb.de/ abrufbar.

Impressum:

Copyright © 2013 GRIN Verlag GmbH
Druck und Bindung: Books on Demand GmbH, Norderstedt Germany
ISBN: 978-3-656-95806-2

Dieses Buch bei GRIN:

http://www.grin.com/de/e-book/299270/nur-noch-einen-kuss-mama-die-herausfor-
derungen-des-eingewoehnungsprozesses

Evangelische Schule für Sozialwesen „Luise Höpfner"
-Fachschule-

Schuljahr: 2012 / 2013
61. Jahrgang

Facharbeit

„Nur noch einen Kuss, Mama !"
- Eingewöhnung im Elementarbereich

vorgelegt von:

Hartzendorf, Claudia

am:

11.11.2013

Inhaltsverzeichnis

Thesen zum Thema:

„Nur noch einen Kuss, Mama !" – Eingewöhnung im Elementarbereich

- Eine gute Vorbereitung ist unerlässlich für eine gelingende Eingewöhnung.

- Die Kooperation mit allen Beteiligten spielt eine zentrale Rolle.

- Der Eingewöhnungsprozess ist ein individueller Prozess.

- Die Eingewöhnung ist ein Prozess sozialer Integration.

1 Einleitung

An der Tür ist Leo ganz fröhlich, wenn er früh von seiner Mama gebracht wird. Sagt sie ihm dann aber „Tschüss" und gibt ihm einen Kuss, kullern meist ein paar dicke Tränen über seine Wangen. Er verabschiedet sich nur schwer von seiner Mutter und klammert an ihrem Hosenbein. Der Bezugserzieher holt ihn an der Tür ab, begrüßt ihn freundlich und geht gemeinsam mit ihm ins Zimmer. Leo beobachtet alles in seiner Umgebung sehr sorgfältig, so auch die anderen Kinder. Er steht etwas abseits und drückt sein Schmusetuch ganz fest an sich. Sein Blick wandert immer wieder zur Tür.

Dies ist ein Szenario was sich jeden früh, so oder so ähnlich in Deutschlands Kindereinrichtungen abspielt. Seit dem 1. August 2013 hat, laut Familienministerin Dr. Kristina Schröder, jede Familie mit Kindern von einem bis drei Jahren einen Rechtsanspruch auf einen Krippenplatz.

Wenn es soweit ist, sein Kind durch eine fremde Person betreuen zu lassen, kommen bei Eltern viele Fragen auf. Wird der Erzieher mein Kind gernhaben? Wird das pädagogische Fachpersonal seine Signale verstehen? Kann ich von meinen Befürchtungen sprechen, meinen Bedenken, vielleicht auch von meinen Sorgen? Wird der Erzieher in Wettbewerb zu mir treten? (vgl. Laewen, et. al. 2011, S. 61; Laewen, et. al. 2012, S. 37 und http://www.uni-bielefeld.de/Benutzer/MitarbeiterInnen/Kita/EingewöhnungKita.pdf)

Um all diese Fragen zu beantworten, ist es unentbehrlich, eine sanfte und individuelle Eingewöhnung durchzuführen. Während meines ersten Blockpraktikums, wurde ich durch meine Mentorin gebeten eine Eingewöhnung als Bezugserzieher durchzuführen. Diese Eingewöhnung dauerte fünf Wochen. Drei Jahre zuvor gewöhnte ich, meinen Sohn in derselben Einrichtung ein, hier dauerte es etwa 10 Tage. Aus diesen Praxiserfahrungen weiß ich, wie unterschiedlich lang eine Eingewöhnung sein kann und welche Herausforderung es für alle Beteiligten ist. Um den Start in die Einrichtung für das Kind zu erleichtern, ist eine enge Zusammenarbeit zwischen Team, Träger und Eltern Grundvoraussetzung.

Doch es blieben auch Fragen offen. Gibt es die eine richtige Methode um ein Kind einzugewöhnen? Wie sollte man sich auf die Eingewöhnungszeit vorbereiten, als Erzieher und als Team? Welche Möglichkeiten gibt es um allen Beteiligten die Eingewöhnung zu erleichtern? In meiner Facharbeit möchte ich diesen Fragen auf den Grund gehen.

2 Bindung

2.1 Definition von Bindung

Bindung ist eine emotionale lang anhaltende Beziehung zu einer Person, bei der das Kind Schutz, Geborgenheit und körperliche Nähe sucht. Dies wird vor allem in Situationen deutlich, in denen sich das Kind nicht sicher, fremd oder gestresst fühlt (vgl. Ahnert, 2010, S. 43).

2.2 Bindungsentwicklung

Während man früher nur von der Mutter-Kind-Bindung sprach, hat man später erkannt, dass der Säugling durchaus in der Lage ist, eine Bindung zu mehreren Personen aufzubauen, so zum Beispiel die Eltern-Kind-Bindung. Väter nehmen heute Elternzeit in Anspruch, somit haben sie früher Kontakt zu ihrem Nachwuchs. Kinder entwickeln verschiedene individualisierte Bindungen mit unterschiedlichen Stärken innerhalb ihrer Familie oder zu Personen aus dem näheren Umfeld dieser (vgl. Haug-Schnabel, et. al. 2005, S. 37 bis 38).

Man unterscheidet verschiedene Stufen der Bindungsentwicklung. So ist das Kind in den ersten Wochen noch nicht fest gebunden. In dieser Vorphase der Bindung, reagiert es auf die Personen, die seine Bedürfnisse befriedigen. Zwischen der sechsten Woche bis zum sechsten oder achten Monat befindet sich das Kind in der Phase der Entstehenden Bindung. Es bevorzugt Personen die es an bestimmten Merkmalen, wie zum Beispiel an der Stimme erkennt. Durch diese lässt es sich leichter beruhigen und entwickelt Vertrauen zu ihnen. Die Phase der Ausgeprägten Bindung beginnt frühestens mit dem sechsten Lebensmonat und dauert bis etwa zum 24. Lebensmonat an. Man erkennt sie daran, dass das Kind wenn es sich fremd fühlt, zu weinen beginnt, so zum Beispiel wenn die Mutter den Raum verlässt. Danach folgt die Stufe der Reziproken Beziehungen. Das Kind verfügt nun über zunehmende Möglichkeiten sich auszudrücken. Auch seine Aktivitäten und kognitiven Fähigkeiten nehmen zu. Es kann nun eine funktionierende, beiderseitig organisierte Beziehung aufbauen.
(vgl.http://www.psy.lmu.de/epp/studium_lehre/lehrmaterialien/lehrmaterial_ss10/wintersemes ter1011/krimmel_vuori/seminar2/bindungunderltern.pdf)

2.3 Bindungstheorie

Die Bindungstheorie wurde durch John Bowlby und Mary Ainsworth begründet. Sie beschreibt anschaulich das Verhalten, welches aus Interaktion zwischen Mutter und Kleinkind resultiert. Bindung ist eine beständige, gefühlvolle Beziehung welche sich über einen langen Zeitraum erstreckt. Sie ist ein Grundbedürfnis. Kinder können sich nur mit der Umwelt auseinandersetzen, wenn sie auf den Schutz und die Nähe der Bindungsperson zurückgreifen können. (vgl. Bodenburg, et. al. 2011, S.207) Die Beziehungserfahrungen, die ein Kind in seiner frühen Kindheit macht, bilden die Grundlage für alle weiteren Bindungen. So lernen Kinder aus selbständigem Verhalten sicher gebundener Erwachsener, deren Haltung in Beziehungen kennen, diese übernehmen sie. Je älter die Kinder sind, umso weniger sind sie auf ihre Bezugsperson angewiesen (vgl. Bodenburg, et. al. 2011, S. 209 bis 210).

2.4 Bindungstypen

Sichere Bindung

Von einer sicheren Bindung wird gesprochen, wenn die Kinder Kontakt zu ihrer Bezugsperson suchen und sich sicher und geborgen fühlen. Sie erforschen ihre Umwelt (Exploration). In Trennungsphasen weinen diese Kinder oder sind unglücklich, lassen sich bei Rückkehr der Bezugsperson aber schnell beruhigen.

Unsicher vermeidende Bindung

Kinder die ein unsicher vermeidendes Bindungsmuster aufweisen, haben bei Trennung von der Bezugsperson keinen Kummer. Sie zeigen nur wenige Emotionen und vermeiden Körperkontakt. Kehren Eltern nach Trennungsphasen wieder, wendet sich dieser Bindungstyp eher ab als das er Nähe sucht.

Unsicher ambivalente Bindung

Unsicher ambivalent gebundene Kinder suchen teilweise den Kontakt zur Kontaktperson. Gelegentlich ignorieren sie diese aber auch. Unbekannte Personen lösen bei ihnen Ängste und Wut aus, die sie dann auch lautstark zum Ausdruck bringen. Es ist schwer, sie nach einer Trennung zu beruhigen.

<u>Desorganisierte Bindung</u>

Kinder mit desorganisierter Bindung reagieren oft sehr widersprüchlich. In ihrer Mimik ebenso wie in ihrem Verhalten. Sie empfinden die Eltern nicht als sichere Basis. Bei älteren Kindern dieses Bindungstyps findet oft ein Tausch der Rollen zwischen Kind und Erwachsenem statt. (vgl. Fröhlich- Gildhoff, et. al. 2009, S. 43 bis 44 und Haug-Schnabel, et. al. 2005, S. 38 bis 43)

3 Eingewöhnung im Elementarbereich

3.1 Eingewöhnung als Bildungsauftrag

Eingewöhnung als erster Umgang mit dem Kind ist im Sächsischen Bildungsplan verankert, sie stellt einen Qualitätsstandard innerhalb der Kindertagesstätten dar. Der sächsische Bildungsplan ist laut dem Sächsischen Gesetz zur Förderung von Kindern in Kindertageseinrichtungen (SächsKitaG) die Grundlage für die Gestaltung der pädagogischen Arbeit in den Kindertageseinrichtungen § 2 Absatz 1. Im Bereich Kontexte des Sächsischen Bildungsplanes werden Überlegungen vorgestellt, wie man die Kindertageseinrichtungen und ihre Abläufe so gestaltet, dass sie Kinder zum Lernen anregen. Teil dieser Überlegungen ist die Eingewöhnung.

Des Weiteren wird im Lehrplan für die Ausbildung zum staatlich anerkannten Erzieher unter anderem im Lernfeld 2 „Beziehungen gestalten und Gruppenprozesse begleiten" vermittelt. Man findet hier die Punkte: „Bedeutung von Individualität und Identität im Beziehungsgefüge", „Bedeutung sozialer Beziehungen im Lebenslauf" sowie „Bindungstheorien", diese sind ein wichtiger Bestandteil des Eingewöhnungs- und Gruppenprozesses. Im Lernfeld 4 „Bildungs- und Entwicklungsprozesse anregen und unterstützen" wird „Spezifik frühkindlicher Bildung und Bindung als deren Voraussetzung" und „Wohlbefinden als eine Grundbedingung für erfolgreiches Lernen" gelehrt, auch diese Dinge haben während der Eingewöhnung und im weiteren pädagogischen Alltag einen hohen Stellenwert.
(vgl. http://www.schule.sachsen.de/lpdb/web/downloads/lp_fs_erzieher_2008.pdf)

3.2 Bedingungen

Erzieher haben die Aufgabe in der frühkindlichen Betreuung die körperliche und geistige Entwicklung der Kinder zu fördern, indem sie diese zu kreativer Betätigung sowie zu freiem oder gelenktem Spielen anregen und zum Lernen ermuntern. Sie gestalten die Entwicklung des sozialen Verhaltens der zu betreuenden Kinder aktiv mit. Das pädagogische Fachpersonal muss

Kinder altersgerecht unterstützen, begleiten und mit ihnen gemeinsam nach Antworten, auf ihre Fragen, suchen. Folgende Aufgaben sind Grundbedingungen für die pädagogische Arbeit, Selbstreflexion, Auseinandersetzung im Team und mit den Eltern.

3.2.1 Rahmenbedingungen

Eine wichtige Bedingung für das Gelingen der Eingewöhnung ist die Einstellung und das Verhalten dem Kind und seinen Eltern gegenüber. Eine wertschätzende Haltung und ein empathischer Umgang erleichtern Kindern den Aufbau einer positiven Beziehung. Kindern muss die Zeit und der Freiraum gegeben werden Dinge selbst zu erforschen. Die Aufgabe des Erziehers ist es sie dabei zu begleiten. Eine vertrauensvolle Erzieher-Kind-Beziehung ist wichtig um die Kinder bei ihren Problemen und Fragen zu begleiten und sie zum Lernen anzuregen. Die Eltern müssen im Vorfeld genau über die Eingewöhnungszeit informiert werden, damit sie dazu eine positive Einstellung entwickeln können. Der Gruppenraum sollte nicht überfüllt und eine Überforderung des Kindes vermieden werden. Die erste Eingewöhnungsphase muss im zukünftigen Gruppenraum oder im Sommer nur in einem Teilbereich des Gartens stattfinden. (vgl. Laewen, et. al. 2011,S. 50 bis 53)

3.2.2 Zusammenarbeit mit den Eltern

Die Eingewöhnung kann nur glücken, wenn Erzieher sowohl im Team als auch mit den Eltern zusammen arbeiten. Grundvoraussetzung dafür ist ein respektvoller Umgang miteinander.

Kinder leben in unterschiedlichen Sozialräumen, so existieren vielleicht in der Familie andere Werte und Haltungen, welche abhängig sind von der Herkunft, der Religion und den kulturellen Traditionen. Für Eltern ist die Eingewöhnung ihres Kindes ein neuer Lebensabschnitt, zum einen haben sie den Loslassungsprozess, zum anderen den Stress wieder in ihr Berufsleben einzusteigen. Sie sollten sich die Zeit für die Eingewöhnung nehmen (vgl. Laewen, et. al. 2011, S. 38 bis 41).

Um Eltern über die Entwicklung ihres Kindes zu informieren, ist es wichtig das Kind zu beobachten und diese Beobachtungen gut zu dokumentieren. Dies ist zum Beispiel durch ein Portfolio möglich, hier dokumentiert die pädagogische Fachkraft in Lerngeschichten das bereits Erlernte. Erzieher können diese Beobachtungen auch für Entwicklungsgespräche mit den Eltern nutzen.

Eltern und pädagogische Fachkräfte sollten sich in jedem Fall als Erziehungspartner sehen, da sie beide das gemeinsame Ziel haben, das Kind sowohl zu fördern, als auch Sorge dafür zu tragen, dass es sich wohlfühlt und es ihm gut geht. Beide sind Experten auf ihre eigene Art und Weise. Eltern kennen die Biographie der Familie und den soziokulturellen Hintergrund, die näheren Lebensumstände und die Rolle des Kindes im Familiensystem. Erzieher hingegen haben das pädagogische Fachwissen, sie wissen wie sich Kinder in der Gruppe verhalten, welche Themen die Gruppe im Moment bewegen und kennen die Themen der Einrichtung. Die Erziehungspartnerschaft zwischen den Eltern und der pädagogischen Fachkraft hat eine sehr große Bedeutung, so bildet sie die Grundlage um sich gegenseitig zu akzeptieren und Vertrauen zu können und dient dem Informationsaustausch.

(vgl.http://www.beltz.de/fileadmin/beltz/leseproben/9783407220813.pdf)

3.2.3 Auseinandersetzung im Team, mit der Leitung und dem Träger

Ein Austausch im Team und mit der Leitung ist notwendig um in der Einrichtung eine angenehme Eingewöhnungszeit für alle Beteiligten durchführen zu können.

- Bearbeitung des Kennlernfragebogens
- Schreiben des Begrüßungsbriefes
- Auswahl eines Bezugserziehers
- Kooperation mit den Eltern
- Notfalllösung: wer übernimmt die Eingewöhnung wenn der geplante Erzieher krank werden sollte oder ähnliches
- ab wann kommt das neue Kind
- organisatorische Absprachen den Dienstplan betreffend

Bei organisatorischen Fragen ist es auch wichtig eine Rücksprache mit dem Träger zu treffen.

- mit Träger absprechen, dass nicht mehrere Kinder gleichzeitig eingewöhnt werden, da dies den Bindungsaufbau unnötig erschwert
- ab wann kommt das neue Kind
- organisatorische Absprachen den Dienstplan betreffend

Es ist wichtig sich in Teambesprechungen regelmäßig über das Erlebte auszutauschen und das pädagogische Handeln zu reflektieren. (vgl. Laewen, et. al. 2011, S. 38 bis 41, Winner, et. al. 2009, S. 82 bis 85 und Bendt, 2011, S. 12 bis 16)

3.2.4 Selbstreflexion und Reflexion

Nach der Durchführung der Eingewöhnung ist sowohl eine Selbstreflexion der pädagogischen Fachkraft als auch eine Reflexion im Team nötig. Die Selbstreflexion dient der Auseinandersetzung mit Problemen und Fragen des Kindes und dessen Eltern im Rückblick auf die Eingewöhnung. Die Reflexion im Team soll zum Austausch über den aktuellen Stand, über Dinge die gut oder nicht so gut gelaufen sind anregen und auch die Möglichkeit bieten um sich Unterstützung und Stärkung durch das Team zu holen. Reflektionen dienen den pädagogischen Fachkräften zur Kompetenzerweiterung, sie denken nochmals über Beobachtungen und Erlebtes nach und können dadurch sowohl Probleme als auch Ressourcen erfassen.

3.3 Organisatorische Vorschläge zur Umsetzung

Es ist ratsam, für die Einrichtung, dass Bezugserzieher während und kurz nach der Eingewöhnungsphase keinen Urlaub nehmen. Des Weiteren sollte dieser Erzieher durch andere Mitarbeiter entlastet werden. Sollte ein begleiteter Übergang durch die Eltern nicht möglich sein, muss sichergestellt werden, dass das Kind früh immer durch seinen Bezugserzieher begrüßt wird, um ihn die Situation nicht noch zusätzlich zu erschweren. Die Kinder sollten bei ihrem ersten Besuch in der Kita nicht überfordert werden. Es ist daher von Nutzen wenn die erste Phase im zukünftigen Gruppenraum stattfindet oder im Sommer nur in einem Teilbereich des Gartens. Wichtig ist das erst eine Bindung zum Bezugserzieher aufgebaut wird, auch wenn in der Gruppe mehrere Erzieher tätig sind. In der Einrichtung muss es einen Ort geben, an dem sich die Eltern während der Trennungsphasen aufhalten können. An diesem Ort sollten sich die Eltern willkommen fühlen. Kinder die durch die Eltern begleitet werden, sollten noch nicht in der Frühdienstzeit kommen, sondern zur einer, mit dem Bezugserzieher, verabredeten Zeit. Es ist einfacher für sie, wenn sie Erzieher vom Frühdienst erst kennenlernen. Falls es in der Einrichtung nicht möglich ist die Kinder nach und nach einzugewöhnen, so sollten sie zu unterschiedlichen Zeiten in die Einrichtung kommen. Dadurch soll gewährleistet werden, dass dem Kind und dessen Eltern die volle Aufmerksamkeit des Erziehers zu Teil wird. Außerdem wird pädagogisches Fachpersonal so vor Überlastung geschützt. (vgl. Laewen, et. al. 2011, S. 50 bis 53) Für Kind und Eltern ist es wichtig, dass sie am Morgen durch den Bezugserzieher begrüßt werden. Es zeigt ihnen, dass man hier schon auf das Kind wartet. Ebenso sollen sie am Ende des Kindergartentages freundlich verabschiedet werden. So lernt das Kind zwischen zwei Lebensbereichen zu unterscheiden. Zu Hause mit den Eltern als Bezugspersonen, hat es sicher einen anderen Tagesablauf und andere Rituale als in der Einrichtung, mit dem Erzieher. (vgl. Bodenburg, et. al. 2011, S.214 und 215)

4 Eingewöhnung

4.1 Stellenwert der Eingewöhnung im Elementarbereich

Durch die begleitete Eingewöhnungszeit, soll dem Kind der Übergang von der Familie in die Kindertagesbetreuung erleichtert werden. Diese Übergangszeit stellt eine drastische Veränderung sowohl im Leben des Kindes, als auch in dem der Eltern dar. Während dieser Phase soll Kindern und Eltern die Möglichkeit gegeben werden, die Einrichtung und das pädagogische Fachpersonal kennenzulernen. Sie sollen neue Eindrücke sammeln, explorieren, das heißt sich mit der Umgebung und der Gruppe vertraut machen. Außerdem müssen sie sich mit ihren Emotionen während der Trennungsphase auseinandersetzen. Kinder lernen diese Übergänge zu bewältigen, Eltern und Erzieher kooperieren und unterstützen sie dabei. (vgl. Winner, et. al. 2009, S. 13 bis 18)

Die Betreuung außerhalb der Familie bedeutet für Kinder unter drei Jahren besonders viel Stress. Diese Kinder müssen die Trennung von ihrer Hauptbezugsperson verkraften und gleichzeitig versuchen eine Bindungsbeziehung zu einer bisher fremden Person aufzubauen. Das gelingt Kindern in einer begleiteten Eingewöhnung durch die Eltern leichter, da sie folgende Dinge während dieser Zeit lernen:

- Ich kann hier bleiben, spielen und mich wohlfühlen.
- Es gibt auch hier eine Person die auf mich Acht gibt.
- Nachdem wir uns morgens verabschiedet haben, brauche ich keine Angst zu haben, denn meine Eltern holen mich ja wieder ab.

Um diese Dinge zu erfüllen, ist es von großer Wichtigkeit, dass jedem neu aufgenommenen Kind ein Bezugserzieher zugeordnet wird. Dieser ist Hauptansprechpartner für die Eltern. Durch ihn wird die Eingewöhnungszeit durchgeführt. So kann er zur neuen Bezugsperson für das Kind werden. Des Weiteren lernen die Kinder so sich ohne Hektik von der Hauptbezugsperson zu verabschieden und welche Konsequenzen solch ein Abschied hat. (vgl. Haug-Schnabel, et. al. 2013, S 30 bis 35)

4.2 Eingewöhnungsmodelle

Es gibt verschiedene Eingewöhnungsmodelle, für verschiedene Altersgruppen. In den folgenden zwei Punkten, möchte ich zwei unterschiedliche Modelle, für den Elementarbereich, vorstellen. Beide beschreiben, dass Kinder die ein Eingewöhnungsmodell durchlaufen haben weniger krank sind, die Eingewöhnungsphase für das Kind und die Eltern ein großer Einschnitt im Leben ist und deshalb für jedes einzelne Kind individuell gestaltet werden muss. Sowohl Berliner als auch Münchner Modell haben das Ziel, dass das Kind sich in der Einrichtung wohlfühlt und einlebt. Ebenso wird in beiden Modellen hervorgehoben, dass diese Phase für die Eltern wichtig ist, um den pädagogischen Alltag zu erleben und zu wissen, dass ihr Kind in der Einrichtung gut aufgehoben ist, es zufrieden ist und sich sicher fühlt. Kind und pädagogischer Fachkraft dient die Eingewöhnung zum Bindungsaufbau. Für die weitere Arbeit mit dem Kind ist eine gute Bindung entscheidend, da eine Kindertagesstätte die erste Bildungseinrichtung für das Kind darstellt. In der Eingewöhnungsphase müssen Erzieher besonders sensibel mit Kind und Eltern umgehen und genau beobachten. Außerdem wird während der Eingewöhnungszeit zu den Eltern eine Kooperationsbeziehung geschaffen. Im Münchner Modell wird besonders betont, dass die Kinder in die Gruppe hineinwachsen und die Eltern und deren Verfassung mit einbezogen werden. (vgl. Laewen, et. al. 2011, S. 32 bis 43 und Winner, et. al. 2009, S.13 bis 35)

4.2.1 Das Münchner Eingewöhnungsmodell

Das Münchner Eingewöhnungsmodell wird in fünf Phasen unterteilt. Im Vorfeld werden alle pädagogischen Ziele, durch das Team gemeinsam mit den Eltern geplant. Diese Zielplanung ermöglicht es allen Beteiligten, nach jeder Phase der Eingewöhnung zu reflektieren und die Ziele anzupassen. Kennlernphase und Vierte Phase sollten möglichst an einem Dienstag beginnen, um den anderen Kindern die Möglichkeit zu geben, sich nach dem Wochenende wieder in den Alltag der Einrichtung zu integrieren.

Vorbereitungsphase

Während der Vorbereitungsphase sollen die Eltern durch den Bezugserzieher über die Wichtigkeit, die etwaige Dauer und den Ablauf der Eingewöhnungszeit informiert werden.

Kennlernphase

Die Kinder erkunden zusammen mit ihrer Bezugsperson die neue Umgebung. In dieser Phase können sich Kind, Bezugsperson, Erzieher und die anderen Kinder der Gruppe kennenlernen. So erhalten die Eltern Erkenntnisse über pädagogische Arbeit des Teams und erfahren mehr über den Ablauf in der Kita. Die Kennlernphase erstreckt sich über einen Zeitraum von vier bis fünf Tagen, zu unterschiedlichen Zeiten, damit so viel wie möglich verschiedene Situationen im Tagesablauf erlebt werden.

Dritte Phase

Kind und Bezugsperson sollen, in den nächsten sechs Tagen, Sicherheit erlangen. In der Regel wird diese Phase von Montag zu Montag durchgeführt. Dies sollte in dem Zeitraum in welchem das Kind später die Einrichtung besuchen wird erfolgen, zum Beispiel von 09.00 Uhr bis zum Mittagsschlaf. Die Bezugsperson stellt für das Kind eine sichere Basis dar. Zu Beginn dieser Phase sollten Erzieher nur indirekten Kontakt zu dem Kind aufnehmen. Das heißt dem neuen Kind soll bei der Kontaktaufnahme zu den anderen Kindern geholfen werden, wenn es dies von selbst möchte. Kontakte sollen jedoch nicht durch das pädagogische Fachpersonal angeregt werden. Nach und nach nehmen sich die Eltern zurück und ihre Aufgaben, wie Wickeln und Füttern, gehen immer mehr an die pädagogische Fachkraft über. Jeden Tag sollte eine kurze Reflektion zwischen der pädagogischen Fachkraft und den Eltern erfolgen.

Vierte Phase

In diesem Modell ist der Grundsatz - keine Trennung in den ersten sechs Tagen. Wenn das Verhalten des Kindes darauf hinweist, dass es genügend Sicherheit hat, kann die erste Trennung zwischen dem zehnten und zwölften Eingewöhnungstag erfolgen. Nachdem sich Bezugsperson und Kind voneinander verabschiedet haben, erstreckt sich die erste Trennung über einen Zeitraum von bis 30 und 60 Minuten. Nach Beendigung dieser Phase sollte der Tag in der Kita beendet werden. In den nächsten Tagen verlängern sich die Trennungszeiten. In der vierten Woche bleibt das Kind längere Zeit alleine in der Einrichtung.

<u>Fünfte Phase</u>

Diese Phase dient dazu die Eingewöhnung zu beenden und auszuwerten. Eltern und Bezugserzieher schätzen gemeinsam die einzelnen Phasen der Eingewöhnungszeit ein. Dass ist vor allen für die Kooperationsarbeit zwischen Eltern und Einrichtung wichtig.

(vgl. Winner, et. al. 2009, S. 14, 45, 50 bis 66)

4.2.2 Das Berliner Eingewöhnungsmodell

Das durch INFANS (Institut für angewandte Sozialisationsforschung / Frühe Kindheit e. V.) begründete Eingewöhnungsmodell, teilt sich ebenso in fünf Phasen. Eine wesentliche Bedeutung hat hier die angeleitete Beteiligung der Bezugspersonen.

<u>Erste Phase</u>

Die Eltern werden über die Wichtigkeit der Eingewöhnung informiert, dies ist der erste ausführliche Kontakt zwischen Eltern und Bezugserzieher. Ziele hierbei sind das die Eltern darüber informiert werden, dass in der Zeit der Eingewöhnung eine Beziehung zum Bezugserzieher hergestellt werden soll, sie aber Hauptbezugsperson bleiben und ihnen zu verdeutlichen, wie wichtig es ist, das Kind in dieser Phase zu begleiten. Dabei steht immer das Kind mit seinen Bedürfnissen im Mittelpunkt. Außerdem soll es auch den Trennungsschmerz mildern.

<u>Grundphase</u>

Sie erstreckt sich in der Regel drei Tage, wenn der vierte Tag ein Montag ist verlängert sie sich um einen Tag. In dieser Phase begleitet die Bezugsperson das Kind in die Kindertagesstätte. Sie bleibt etwa eine Stunde zusammen mit ihm im Gruppenraum, verhält sich jedoch eher passiv, das heißt sie stellt eine sichere Basis dar. Die Bezugsperson spielt nicht aktiv mit, sondern schaut nur zu. Das Kind wird durch sie nicht bedrängt, sie akzeptiert immer wenn das Kind ihre Nähe sucht. Während dieser Phase sollte sie ausschließlich für das Kind da sein und sich möglichst durch nichts ablenken lassen, zum Beispiel Lesen, Spiel mit anderen Kindern und so weiter. Durch gezielte Beobachtungen des Verhaltens zwischen Kind und Bezugsperson ergibt sich für Erzieher die Möglichkeit um vorsichtig Kontakt zum Kind aufzunehmen, dies kann beispielsweise durch Spielangebote geschehen. Trennungsversuche werden in dieser Phase nicht unternommen.

Dritte Phase

Es erfolgt der erste Trennungsversuch. Die Bezugsperson kommt mit dem Kind in die Kita und verabschiedet sich nach kurzer Zeit von ihm. Das Kind bleibt beim Erzieher. Die Reaktion des Kindes auf diesen Trennungsversuch ist die Grundlage für das weitere Vorgehen während der Eingewöhnung. Lässt sich das Kind nach anfänglichen Weinen und suchenden Blicken durch den Erzieher trösten, wirkt weiterhin interessiert oder versucht selbst mit der neuen schwierigen Situation fertig zu werden, kann die erste Trennung bis etwa 30 Minuten ausgedehnt werden. Dies spricht für eine kürzere Eingewöhnungszeit von etwa sechs Tagen. Wirkt das Kind allerdings verunsichert, sucht mit seinen Blicken die Bezugsperson und lässt sich durch den Erzieher nicht beruhigen, kehrt die Bezugsperson nach etwa drei bis fünf Minuten zurück. Hier sollte man mit einer längeren Eingewöhnungszeit von etwa drei Wochen rechnen.

Stabilisierungsphase

Die Bezugsperson ist weiterhin in der Nähe des Kindes, überlässt es allerdings der pädagogischen Fachkraft auf die ersten Signale des Kindes zu reagieren. Diese beginnt die Aufgaben der Bezugsperson zu übernehmen. Sollte die Trennung, des Kindes von der Bezugsperson, am vierten Tag gut verlaufen sein, so kann der Trennungszeitraum am fünften und sechsten Tag ausgedehnt werden. Für den Notfall bleibt die Bezugsperson aber in der Nähe. Ist das nicht der Fall und das Kind verlangt nach seiner Bezugsperson, so sollte diese am fünften und sechsten Tag noch am Geschehen in der Gruppe teilnehmen und der nächste Trennungsversuch nicht vor dem siebten Tag erfolgen.

Schlussphase

Jetzt sollten sich Kind und Bezugsperson mit einem Abschiedsritual voneinander trennen. Die Bezugsperson kann jederzeit durch die pädagogische Fachkraft erreicht werden, ist jedoch nicht mehr in der Kita anwesend. Akzeptiert das Kind den Erzieher als sichere Basis, gilt die Eingewöhnungsphase als beendet. Das Kind sollte auch in den folgenden Tagen nur durch den Bezugserzieher begleitet werden. Wenn es möglich ist, sollten Kinder anfangs nur halbtags die Einrichtung besuchen, da die Eingewöhnung von Kindern hohe Anpassungsleistungen fordert und diese in den ersten Tagen häufig sehr müde sind.

(vgl. http://www.uni-bielefeld.de/Benutzer/MitarbeiterInnen/Kita/EingewöhnungKita.pdf; Laewen, et. al. 2011, S. 43 bis 47 und Haug-Schnabel, et. al. 2013, S 30 bis 35)

4.3 Unsicherheiten während der Eingewöhnung

4.3.1 Unsicherheiten der Kinder

Für die Kinder ist der Übergang in die Kindertagesstätte eine Angelegenheit, die mit sehr viel Stress verbunden ist. Während sie zu Hause die Umgebung kennen und eine Bezugsperson haben, so ist in der Einrichtung alles neu, die Räume, die anderen Kinder der Gruppe, der Erzieher. Kinder müssen erst lernen Vertrauen zu einer fremden Person aufzubauen, erst wenn sie sich sicher fühlen, werden sie ihre Umgebung erkunden und hier auch lernen können. (vgl. Laewen, et. al. 2011, S 19 bis 21 und Laewen, et. al. 2012, S.21) Kleine Kinder haben oft Verständigungsprobleme gegenüber Erziehern, deshalb sollte diese die Eingewöhnungszeit nutzen um möglichst viel über das Kind und dessen Sprache in Erfahrung zu bringen. Es kommt auch vor, dass Kinder während der Eingewöhnung krank werden, dann sollte man ihnen die notwendige Erholungszeit geben und die Eingewöhnung anschließend fortsetzen. (vgl. http://www.uni-bielefeld.de/Benutzer/MitarbeiterInnen/Kita/EingewöhnungKita.pdf und Winner, et. al. 2009, S. 72 bis 74)

4.3.2 Unsicherheiten der Eltern

Die Eltern machen sich Sorgen ob das Kind ohne sie zurechtkommen oder sie vermissen wird. Manche fragen sich sicher ob die Erzieher eine Konkurrenz für sie darstellen, man sowohl die Befindlichkeiten des Kindes, als auch die der Eltern in der Einrichtung verstehen wird. (vgl. http://www.uni-bielefeld.de/Benutzer/MitarbeiterInnen/Kita/EingewöhnungKita.pdf; Laewen, et. al. 2012, S.31 und 37; Laewen, et. al. 2011, S.37) Eltern haben auch Ängste. Es kann die Fragen aufkommen, wie zum Beispiel: Ist die ausgewählte Betreuungseinrichtung auch die richtige für das Kind? Hat diese Einrichtung das richtige Konzept? Wird mein Kind hier auch individuell gefördert? (vgl. Ahnert, 2010, S. 197 bis 200)
Einige Eltern fragen sich sicher auch, ob die Bindung zu ihnen erhalten bleibt, wenn sie ihr Kind in einer Kindertageseinrichtung abgeben und es dort kontinuierlich durch eine pädagogische Fachkraft betreut wird. (vgl. Ahnert, 2010, S. 166)

4.3.3 Unsicherheiten der pädagogischen Fachkräfte

Auch für Erzieher kann es während der Eingewöhnungsphase zu verschiedenen Problemen kommen, beispielsweise wenn ein Kollege krank wird und dessen Gruppe übernommen werden muss oder mehrere Kinder gleichzeitig eingewöhnt werden sollen. Dies sind jedoch organisatorische Probleme, die mit dem Träger geklärt werden müssen. Mit den Eltern könnte es hingegen zu Verständigungsproblemen kommen sowie zu den Fragen: Sehen sie mich als Partner in der Erziehung und Betreuung ihres Kindes? Wie beurteilen die Eltern meine Arbeitsweise? Werden sie mich als Erzieher ihres Kindes annehmen? (vgl. http://www.uni-bielefeld.de/Benutzer/MitarbeiterInnen/Kita/EingewöhnungKita.pdf und Laewen, et. al. 2011, S. 79 und 89; Laewen, et. al. 2012, S. 47 u. 51)

Doch auch neuen Kindern gegenüber hat die pädagogische Fachkraft Fragen. Werde ich deine Zeichen deuten können und wissen, was Du brauchst? Wird es dir schwerfallen, mir deine Bedürfnisse mitzuteilen? Wirst du dich gut einleben und leicht Zugang zu den anderen Kindern finden? (vgl. http://www.uni-bielefeld.de/Benutzer/MitarbeiterInnen/Kita/EingewöhnungKita.pdf)

4.4   Methoden und praktische Tipps um den Start in die Kita zu erleichtern

Es ist wichtig alle Beteiligten von Anfang an gut über die Zeit der Eingewöhnung zu informieren und das Kind im Vorfeld so gut wie möglich kennen zu lernen. Dies kann beispielsweise in einem Aufnahmegespräch mit Leiter und zukünftigem Bezugserzieher erfolgen. Hier können Fragen über die familiäre Situation, Krankheiten und deren Verlauf, Entwicklungsstand, Gewohnheiten und Besonderheiten des Kindes sowie über die Wünsche und Vorstellungen der Eltern geklärt werden. Dazu stehen Fragebögen zu Verfügung, beispielsweise „Ich lerne Dich kennen 1 und 2". Die Materialien für Gespräche mit Eltern, aus dem Buch „Anfang gut? Alles besser!", sind ebenfalls geeignet. Es ist außerdem möglich die Eltern und ihr Kind im Vorfeld schon einmal in die Einrichtung einzuladen, etwa zur Krabbelgruppe, bei der dann der künftige Bezugserzieher anwesend ist. Wenn man den Eltern vor Beginn der Eingewöhnung nochmal eine Erinnerungsstütze in Form einer E-Mail oder eines Begrüßungsbriefes zukommen lässt, kann man ihnen nochmals wichtige Sachen mitteilen, die sie beachten sollten. Hier können zum Beispiel Dinge aufgeführt werden, welche unbedingt in der Einrichtung für das Kind benötigt werden, wie Matschhosen und ähnliches. Gegenstände die dem Kind den Einstieg erleichtern, vielleicht ein Kuscheltier oder ein Foto der Eltern kann man hier ebenso mit anführen. (vgl. Bendt, et. al. 2011, S.15 und 16) Um Kindern in der Zeit der Eingewöhnung zu entlasten, sollten die Eltern einerseits für sie als sichere Basis da sein, sie aber andererseits auch loslassen können. Für Kinder ist Kontinuität wichtig, das heißt die Eingewöhnung sollte anfangs kurz aber unbedingt täglich stattfinden (vgl. Haug-Schnabel, et. al. 2013, S.36 bis 38). Am ersten Tag sollte das Kind die neue Umgebung kennen lernen und zu keinen Aktivitäten gedrängt werden. Die Pflege des Kindes wir ausschließlich von der Bezugsperson übernommen, während der Erzieher hier nur beobachtet. Sie reagiert auf erste Kontaktversuche des Kindes unternimmt aber selbst keine. Bezugsperson und Erzieher sollten wertschätzend miteinander umgehen, da das Kind sich nach den Bezugspersonen richtet. Durch kleine Spielangebote wird das Eis meist gebrochen und ein erster Kontaktversuch erfolgt, in dieser Phase können Erzieher durch genaue Beobachtungen die Neigungen des Kindes herausfinden. In der Regel laufen die nächsten Tage ähnlich ab. Nach und nach übernimmt der Erzieher jetzt auch die Pflegeaufgaben, durch die Beobachtungen hat er eventuell schon etwas über Rituale zwischen der Bezugsperson und ihren Kind erfahren. Diese kann er sich zu Nutze machen, um seine Arbeit mit dem Kind zu erleichtern, wenn das Kind den Ablauf der Situation kennt, fasst es leichter Vertrauen. (vgl. Laewen, et. al. 2011, S. 65 bis 70) Um seine Beobachtungen festzuhalten und den Eltern detaillierte Informationen geben zu können, wie sich das Kind während der Trennung verhält, ist es sinnvoll diese zu dokumentierten. Dafür kann man einen Beobachtungsbogen verwenden. Ein paar Wochen nach der Eingewöhnung ist es sinnvoll nochmals mit den Eltern ein Abschlussgespräch zur Eingewöhnungszeit zu führen, um die vergangenen Wochen auszuwerten. Durch dieses Gespräch können Eltern und Erzieher gemeinsam die Ereignisse einschätzen und die Elternarbeit wird gefördert.

Damit Kinder einen Platz für ihre ganz persönlichen Dinge haben, sollte man die Eltern schon im Vorfeld bitten, ihnen eine Schatztruhe zu bauen welche sie dann am ersten Eingewöhnungstag mitbringen. Da Kinder in der Einrichtung alles teilen müssen, ist diese Truhe etwas ganz besonderes – nur für sie allein. Eine weitere schöne Idee ist es wenn man von den Eltern ein „Erinner-mich-Buch" anfertigen lässt, in diesem Buch, aus laminierten Fotos finden sich Bilder von all den Dingen, die dem Kind etwas bedeuten. So hat das Kind alle Dinge die es nicht mit in die Krippe bringen kann doch ganz nah bei sich. Zu einer guten Vorbereitung gehört es auch, dass zum Beispiel an der Tür des Gruppenraumes ein Foto angebracht wird, so sehen Kind und Eltern, die anderen Kinder freuen sich auf das Kind. Das Kind weiß hier ist meine Gruppe. Wenn auch über dem Garderobenhaken und im Waschraum ein Klebesticker mit dem Bild des Kindes angebracht wird, erleichtert das die Zuordnung. Es sollten auch Fotos der Kinder beim Spielen und andere selbst gemalte Kunstwerke der Kinder, auf deren Augenhöhe, den Raum verschönern. So wissen Kinder hier werden sie wahrgenommen und ihre Leistung wird geschätzt. (vgl. Bendt et. al. 2008, S. 19 bis 22, 31 bis 33) Eine nette Geste um das neue Kind willkommen zu heißen ist es auch wenn der Bezugserzieher durch die anderen Kinder der Gruppe ein „Willkommensbild" gestalten lässt, welches das Kind am Ende des Tages mit nach Hause nehmen darf. Die Eingewöhnungszeit ist für alle Beteiligten ein

Prozess des Lernens, dies erfordert Geduld und genaues Zuhören. Erzieher sollten der Bezugsperson unbedingt zeigen, dass sie in der Einrichtung willkommen ist und sie nicht kritisieren oder zur Trennung drängen. Das pädagogische Fachpersonal kann bei den Eltern sicher einige Zweifel aus dem Weg räumen, indem es sie dazu anregt die Einrichtung und deren Abläufe besser kennenzulernen. (vgl. Winner, et. al. 2009, S. 69 bis 71)

5 Fazit

Leo kommt strahlend in die Einrichtung. Mama wird zum Abschied noch einmal kurz gedrückt und bekommt einen dicken Kuss. Mit den Worten: „Tschüss mein Schatz! Bis später! Hab einen schönen Tag!", verabschiedet sich die Mutter von Leo. Er läuft rasch ins Zimmer und dreht sich nicht nochmal zur Tür. Schnell bringt er sein Schmusetuch in den Schlafraum und holt sein Lieblingsauto aus dem Regal. Leo ist angekommen und hat diesen wichtigen Entwicklungsschritt prima gemeistert.

Es ist nicht von so großer Wichtigkeit, welches Eingewöhnungsmodell wir verwenden, sondern das wir uns auf jede Eingewöhnung individuell einstellen und durch die Bezugspersonen bereits so viel wie möglich über das Kind im Vorfeld erfahren. Die Eingewöhnung ist ein individueller Prozess, der sich nicht festschreiben lässt. Gemeinsam mit den Eltern, haben Einrichtung und insbesondere Bezugserzieher die Möglichkeit, diese Phase gut vorzubereiten. Sie ist ein wichtiges Qualitätsmerkmal in der Kindertageseinrichtung. Durch Fachwissen, eine gute Vorbereitung und eine positive Grundeinstellung kann jede Eingewöhnung gelingen, egal wie schwer es am Anfang auch scheint.

Deshalb ist für mich das Zitat:

„Hilf mir, es selbst zu tun. Zeig mir, wie es geht. Tu es nicht für mich.

Ich kann und will es allein tun. Hab Geduld, meine Wege zu begreifen.

Sie sind vielleicht länger. Vielleicht brauche ich mehr Zeit, weil ich

mehrere Versuche machen will. Mute mir auch Fehler zu, denn

aus ihnen kann ich lernen."

von Maria Montessori passend, um meine Facharbeit:
„Nur noch einen Kuss, Mama! – Eingewöhnung im Elementarbereich" abzuschließen.

(vgl. http://www.helmholtz-muenchen.de/kindertagesstaette/schwerpunkte-der-paedagogischen-arbeit/methodischer-ansatz/index.html)

6 Quellenverzeichnis

Bücher:

Ahnert, Liselotte: Wieviel Mutter braucht ein Kind? Heidelberg. 2010.

Bendt, Ute; Erler, Claudia. Willkommen in der Krippe!. Praxis-Tipps und Materialien zur Eingewöhnung. Mühlheim an der Ruhr. 2011.

Bodenburg, Inga; Kollmann, Irmgard. Frühpädagogik - arbeiten mit Kindern von 0 bis 3 Jahren. Köln. 2011.

Fröhlich-Gildhoff, Klaus; Mischo, Christoph; Castello, Armin: Entwicklungspsychologie für Fachkräfte in der Frühpädagogik. Köln, Kronach. 2009.

Haug-Schnabel, Gabriele; Bensel, Joachim: Grundlangen der Entwicklungspsychologie. Die ersten 10 Lebensjahre. Freiburg im Breisgau. 2005.

Laewen, Hans-Joachim; Andres, Beate; Hédervári-Heller, Éva: Die ersten Tage. Ein Modell zur Eingewöhnung in Krippe und Tagespflege. Berlin. 7. Auflage 2011.

Laewen, Hans-Joachim; Andres, Beate; Hédervári-Heller, Éva: Ohne Eltern geht es nicht. Die Eingewöhnung von Kindern in Krippen und Tagespflegestellen. Berlin. 6. Auflage. 2012.

Sächsisches Staatsministerium für Soziales (Herausgeber): Sächsischer Bildungsplan. Berlin, Weimar. 2007.

Winner, Anna; Erndt-Doll, Elisabeth: Anfang Gut? Alles Besser!. Ein Modell für die Eingewöhnung in Kinderkrippen und andere Tageseinrichtungen für Kinder. Berlin, Weimar. 2009.

Zeitschriften:

Haug-Schnabel, Gabriele; Bensel, Joachim: III- Die Eingewöhnung ein Qualitätsstandard. Kiga heute. Wissen kompakt. Spezial. Freiburg im Breisgau.

9. Auflage (2013) 30 – 40.

Internetquellen:

Beltz Verlag: Elternarbeit als Erziehungspartnerschaft. in Beltz Verlag. Leseproben, online im WWW unter URL: http://www.beltz.de/fileadmin/beltz/leseproben/9783407220813.pdf Zugriff am 08.08.2013, 08:25 Uhr.

Freistaat Sachsen. Sächsisches Staatsministerium für Kultus. Lehrpläne für die Fachschule. Fachbereich Sozialwesen. Fachrichtung Sozialpädagogik. in: Erzieher/Erzieherin, online im WWW unter URL: http://www.schule.sachsen.de/lpdb/web/downloads/lp_fs_erzieher_2008.pdf Zugriff: 13.10.2013, 12:35 Uhr.

Freistaat Sachsen. Sächsisches Staatsministerium für Kultus. in http://www.kita-bildungsserver.de/recht/gesetze/, online im WWW unter URL: http://www.revosax.sachsen.de/Details.do?sid=9682415048713 Zugriff: 13.10.2013, 12:52 Uhr

Helmholtz Zentrum München. Deutsches Forschungszentrum für Gesundheit. und Umwelt. Kindertagesstätte. Schwerpunkte der pädagogischen Arbeit. in: Methodischer Ansatz, online im WWW unter URL: http://www.helmholtz-muenchen.de/kindertagesstaette/schwerpunkte-der-paedagogischen-arbeit/methodischer-ansatz/index.html Zugriff: 19.08.2013, 10:15 Uhr

Universität Bielefeld. Informationen für. Mitarbeiter. Betriebskita der Universität Bielefeld. in „Die Eingewöhnung in der Kita" (pdf), online im WWW unter URL: http://www.uni-bielefeld.de/Benutzer/MitarbeiterInnen/Kita/EingewöhnungKita.pdf Zugriff : 12.10.2013, 23:34 Uhr.

Vertiefungsseminar Entwicklungspsychologie . Dozentin: Frau Vuori .Referenten: Konnerth, Dinah; Lanz, Regina; Steinbauer, Bastian. in „Bindung und Eltern-Kind-Interaktion 1" , online im WWW unter URL:

http://www.psy.lmu.de/epp/studium_lehre/lehrmaterialien/lehrmaterial_ss10/wintersemester1 011/krimmel_vuori/seminar2/bindungunderltern.pdf **Zugriff: 14.08.2013, 08:05 Uhr.**